O pior lugar
que eu conheço
é dentro da
minha cabeça

O pior lugar que eu conheço é dentro da minha cabeça

MÁRIO BORTOLOTTO

Copyright © 2018 Mário Bortolotto
O pior lugar que eu conheço é dentro da minha cabeça © Editora Reformatório

Editores
Marcelo Nocelli | Rennan Martens

Revisão
Marcelo Nocelli | Natália Souza

Foto de capa
Ninil Gonçalves

Design e editoração eletrônica
Negrito Produção Editorial

Dados Internacionais de Catalogação na Publicação (CIP)
Bibliotecária Juliana Farias Motta (CRB 7-5880)

Bortolotto, Mário
O pior lugar que eu conheço é dentro da minha cabeça / Mário Bortolotto.
– São Paulo: Reformatório, 2018.
96 p.; 14 x 21 cm.

ISBN 978-85-66887-41-9

1. Poesia brasileira. I. Título.

B739p   CDD B869.1

Índice para catálogo sistemático:
1. Poesia brasileira

Todos os direitos desta edição reservados à:

EDITORA REFORMATÓRIO
www.reformatorio.com.br

O que é que tem nessa cabeça, Irmão?
saiba que ela pode ou não

WALTER FRANCO

Sumário

O pior lugar que eu conheço é dentro da minha cabeça.... 9
A velha senhora 11
Sweet Mari Stockler Blues 13
A velha senhora II 17
Minha alma 19
Dois minutos de silêncio 21
Assim como os elefantes 25
A pior piada de Deus.................................... 27
Os santos devem morrer 29
Alguns amigos.. 31
Em extinção... 33
Todo o fim de tarde nos olhos de Maria Gladys 35
O homem bom 37
Domingo de Páscoa...................................... 39
Essa coisa de você ir embora de manhã 41
O nosso olhar puro 43
Já teve dias que eu quis falar com você.................. 45
Crianças 47
Ontem a noite ouvi Bobby Womack..................... 49
Maior que a noite.. 51
Oração.. 53
O seu amorzinho 55
Há pessoas que eu amo.................................. 57

Carro enterrado na areia 59
Aos meus amigos e seus filhos 61
Minha cama e você 63
Dia das crianças *ou* O estranho caso de J. M. Barrie 65
Às vezes eu penso em você 67
Bodyguard 69
Essa noite 71
Senso de humor 73
O dia em que morri 75
Chuva de peixes 77
O melhor lugar 79
Flores em dias tristes 81
Sangue seco 83
Não é só mais uma noite no inferno 85
Terminal 87
Rua Rego Freitas, 501 89
Terra quente 91
Homem parado no meio da estrada 93
[Na primeira vez] 95

O pior lugar que eu conheço
é dentro da minha cabeça

O quarto que te oferecem
é um campo minado
A mulher que aparece
te beija com o hálito da morte
O relógio tem ponteiros trocados
as horas avançam em velocidade de segundos
Os temporais se tornam mais intensos
Seu jardim está infestado de formigas argentinas
O incêndio começa na sua língua
só depois se espalha pelas áreas de serviço do seu corpo
As ruas pavimentadas de crocodilos
O sol espargindo gotas de óleo diesel sobre suas bolas enrugadas
As crianças lhe atiram fezes
e você revida com jingles de comerciais de natal
prepara uma sopa de ñatitas e assiste a jogos de tênis na TV
chora baixinho vendo shows de Linda Ronstadt
mantém os olhos acesos e espera o próximo golpe
Pessoas que tinham feito planos para suas vidas
e acabaram caídas sozinhas no meio da quadra de basquete
ouvindo ópera dentro de um carro crematório
Pessoas destruídas pelo tempo
ainda podem conviver com o perigo

como velhos tênis
presos pelos cadarços
em fios de alta tensão

A velha senhora

A velha senhora às vezes vem me visitar
Eu nunca a convido
Ela simplesmente aparece
senta na minha frente e fica me encarando
Não vejo os olhos dela por baixo do capuz
Já vi umas duas ou três vezes
não é algo bonito de se ver
Então eu pergunto
"vai ser dessa vez?"
Ela demora um pouco pra me responder
"Pra que a pressa? Me dá um gole daquele
Maker's Mark que você tem na prateleira"
Eu a sirvo e ela às vezes quer conversar
"São tempos difíceis, meu amigo"
Não gosto quando ela me chama de "amigo"
"Tenho trabalhado muito"
Ela me fala do Oriente Médio e outros lugares
por onde tem andado com muita frequência
enquanto sorve com satisfação do meu bourbon
Depois de um tempo que me parece uma eternidade
ela se levanta sem se despedir e vai embora
Fico aliviado por ela não me dizer "até logo"
A gata vem correndo e pula no meu colo

e ronrona como se perguntasse
"quem é essa aí?"
Eu afago a cabeça dela e digo:
"Deixa pra lá. Você não vai gostar de saber"
Talvez ela volte amanhã ou na semana que vem
e me tome pela mão
Por hora, bebo do meu bourbon
e vejo o sol morrer da minha janela
enquanto o meu amigo Robert canta na minha cabeça
Dead Shrimp Blues

Sweet Mari Stockler Blues
(versão extended)

Eu fico olhando pra ela e fico querendo saber
se ela anda na corda bamba
se joga futebol
se acorda à noite com sede
se queima a língua com chá quente
(Ela é muito branca. Deve ir à praia à noite como nós)
Eu fico olhando pra ela e fico querendo saber
se ela cumpre ameaças de morte
se já viu o sol nascer numa pradaria
se já pensou em se jogar do Grand Canyon
Eu sei do perigo que uma jaqueta de couro pode esconder
do estrago que um salto alto pode fazer na sua garganta
Eu sei como dois olhos podem empurrar um cara pro fundo
do guarda-roupa
a alma pendurada em um cabide
Eu fico olhando pra ela e fico querendo saber
se ela põe anéis pra um encontro casual
ou só em ocasiões importantes
se já leu Kerouac, Carver e Elmore Leonard
se vai a pré-estreias à meia-noite
se usa sombrero quando tá deprimida
se já tomou um porre de tequila

se fica de joelhos quando o sol se põe
Insistimos desorientados
percorrendo as ruas com um certo ar de fuga
embebidos de vida
mas sentindo que alguma coisa tá faltando
pra mijar atrás de uma banca de jornais
Eu sei que o Paradise Now
só existe quando elas se despem
e abaixam os olhos tristes pro umbigo
Eu sei que o Village Voice vai noticiar
que as nuvens não queriam passar pela minha janela
Eu fico olhando pra ela e fico querendo saber
se ela tem Complexo de Electra
se ela se aborrece com revistas espalhadas pelo chão
se evita tomar cerveja pra não criar barriga
se acha Nastassia mais bonita que Michele
se teve sarampo quando era criança
se sofre de vertigem
Eu fico olhando pra ela e fico querendo saber
se ela anda em círculos pela sala
quando tá injuriada
se joga pratos pela cozinha no dia de São Miguel Arcanjo
se marca o calendário com crucifixos
se anda com uma folha de trombeta de anjo na lapela
se volta milagrosamente a sorrir
quando sente os ossos congelarem no inferno

Eu tô me sentindo como aquele cara que perdeu o último trem
Tô me sentindo como um Walt Whitman sem inspiração
como um Tom Waits sem a garrafa de Tokay
um assassino arrependido sem extrema-unção
Tô embaraçado com um tiro na testa rondando o saguão
Queria saber se ela sofre assistindo noticiários
Queria saber se ela agoniza em festas de aniversários
se ela se compadece em recitais de poesia
Queria mesmo era saber se ela me pagava um chopp
Queria saber se ela se importava de me contar a sua história

A velha senhora II

Sempre encontro a velha senhora de manhã
passeando com seu cachorrinho de olhos curiosos
Ela me olha com indisfarçada piedade
como se pensasse
"pobre homem triste e infeliz"
Ela me vê cambaleando sozinho
de óculos escuros
arrastando meus coturnos velhos pela calçada
e se compadece daquela maneira ignominiosa
tão presente em pessoas enganosamente perfeitas
E eu consigo chegar em casa
e a velha senhora jamais vai saber
que às vezes até me sinto feliz
quando consigo chegar em casa
e me deito sozinho na cama do meu quarto escuro
e a gata vem e fica garimpando
um lugar quente entre os furos das minhas meias
nos dedos dos meus pés
e eu durmo reconfortado e absolvido
até acordar sobressaltado de algum pesadelo
com a boca seca e desidratada de tanto álcool
e me arrasto até a cozinha como se atravessasse um deserto
com a gata miando atrás de mim

ainda acreditando que eu, pobre infeliz
motivo da piedade de velhas senhoras
possa oferecer a ela algo mais do que ração

Minha alma

Eu posso ver as bruxas saindo da torre mais alta da igreja
Então faço o sinal da cruz de maneira desleixada
e corro para o refúgio mais próximo
fico longe do confessionário
e me sinto o mais infeliz dos homens
mas me sinto vivo
mesmo com as bruxas no céu da cidade
Minha alma é uma bandeira estendida sobre o altar

Dois minutos de silêncio

Ele
aguentou ela falando de ioga, krav magá e tratamentos terapêuticos
Ela
aguentou ele falando com pavor de exames de toque retal e tentando forçar um elogio para o tamanho do seu pau
Ele
aguentou as suas amigas histéricas nos piores bares hipsters falando de regenerador celular com pepino e lifting
Ela
aguentou ele e seus amigos estridentes em bares execráveis com telão gritando em jogos da porra do seu time
Ele
aguentou ela falando coisas como "a vida não pode ser só isso"
Ela
aguentou ele trocando ideia (e em muitos momentos até concordando) com um motorista de táxi reaça
Ele
aguentou ela falando em abdução por alienígenas super desenvolvidos
Ela
aguentou ele falando da urgência de comprar um Knight xv

Ele
raspou a cabeça
e aguentou ela dizendo que assim ele parecia o Ben Kingsley
interpretando o Ghandi
Ela
aguentou ele falando sobre o que ele chamava de "sortilégios
do coração"
Ele
aguentou ela falando sobre réveillon em Cabo Frio
Ela
aguentou ele falando sobre montar presépio na noite de
Natal
Ele
aguentou ela falando sobre Iemanjá e banhos de mar a fim de
lavar as impurezas do ano que passou (foi assim mesmo que
ela falou)
Ela
aguentou a sogra falando, os amigos dele falando e contando
bravatas e todos os fogos de artifício e os bilhetes de corrida
e as multas de trânsito
Ele
aguentou a sogra falando, os amigos dela falando e aquele
Shih Tzu tarado escalando libidinosamente a sua perna
Eles
aguentaram tanto ruído desnecessário
só pra que pudessem depois de tudo

ficarem simplesmente abraçados
no fim da noite, no fim do sexo
olhando para o teto que não lhes dizia porra nenhuma
naqueles inegociáveis dois minutos de silêncio.

Assim como os elefantes

Impossível não lembrar
ela deixando mensagens muito objetivas nas rolhas de
garrafas de vinho
olhando com repugnância para os buracos das minhas meias
o jeito que excluía as cebolas da pizza de calabresa
e deixava oportunamente
uma mancha de óleo no canto da boca
como sempre colocava a música certa pra tocar
como sempre sabia a hora que eu tinha que parar
ela encostava em mim e dizia: "ei, é hora de ir pra casa"
Eu não esqueço
que ela nunca passou o natal comigo
que rasgou nossas fotos mais intimas
que me deixou cair de bêbado
e tropeçar em minha pretensiosa angústia
que me tirou da mesa de pôquer
quando eu tinha as melhores cartas
que me fez mudar de vida
quando tava me sentindo livre pela primeira vez
que tomou o último gole de whisky da minha garrafa
e que dizia que só um ano não era tempo suficiente
pra ficar longe de mim
que não quis ir morar comigo em Pount a Mousson

e deixou as maçãs apodrecerem na fruteira
o gato miando na soleira, o bebê sozinho no berço
o poder da mágica que derruba portas
Eu não esqueço
que ela não tinha segredos mas sempre omitiu detalhes
me deixou dormindo no banco traseiro do carro
roubou minha alma e foi se perder nas intersecções da cidade
levando consigo meus demônios e meus domingos vazios
meu coração velho que não se atreve e não cede
Esqueça. Algumas mulheres você jamais vai esquecer.

A pior piada de Deus

Nós jogamos todas as fichas
Nós marcamos a hora de aparecer e sumimos
Nós entramos na igreja quando Deus não estava mais lá
Foi quando vesti aquele fraque que eu não queria usar
Foi quando você apagou a luz do quarto
era o sinal pra eu não voltar
Eu não tentei te encontrar enquanto você se perdia
Quando você bateu na minha porta
eu fiz de conta que não tava lá
Quando você gritou no meio da chuva
eu fiz de conta que não conseguia ouvir
Embrulhei meu coração num lençol de lágrimas
e perguntei: "há um lugar para ele entre seus cosméticos?
ele não ocupa tanto espaço assim."
e nós fomos aceitando nossos cantos de sofá
o silêncio avassalador do café da manhã
Nossas despedidas olhando pro chão
Quando chega a noite que devia nos abraçar comovida
É que nos damos conta
Nós somos o casal dançando numa sala vazia
uma música que nenhum dos dois quer mais ouvir

Os santos devem morrer

Estou pendurado num gancho de açougue
balbuciando a "Ave Maria" até chegar minha hora
vou com duas moedas sobre os olhos
e um hálito de éter capaz de causar engulhos e comoção
os sinos tocam minha canção de adeus
Quero erguer a cabeça
e brindá-los com o meu melhor surto psicótico
mas meu pescoço inerte não abre precedentes
os coiotes trincam seus dentes
vejo as garotas bonitas e é um alivio saber que não posso tê-las
todas irresistíveis com seus chapéus de Samantha Stephens
e suas tatuagens de Bonnie Rotten
O comitê de boas vindas do Père-Lachaise
"por que você demorou tanto?"
"me desculpa, Jim, mas eu não tinha certeza se por aqui tinha
rock and roll e você, como eu, sabe como tudo pode ficar
ainda pior"
Penetro o jardim de cascavéis
com suas pequenas presas de diamantes
mortais & permissivas
Despedida cheira a nicotina e pólvora
Irrompo triunfante sob aplausos das crianças e dos bêbados
por mais que pareça uma declaração apócrifa

dizem que até os santos devem morrer
para viverem eternamente

Alguns amigos

Tenho alguns amigos que fazem muita merda
eu faço muita merda
Tenho alguns amigos que saem do controle
eu já saí muito de controle
Tenho alguns amigos que se emocionam
ouvindo Van Morrison
é ruim de eu não me emocionar
Tenho alguns amigos que não saem do bar
eu confesso que tenho certa dificuldade de voltar pra casa
Alguns amigos têm animais de estimação
eu não durmo com escorpiões sob o colchão
Alguns amigos têm medo da solidão
então quando eles me ligam,
atendo relutantemente o telefone
Alguns amigos gastam suas economias com analistas
eu faço questão de manter o segredo
Alguns amigos casaram com ótimas mulheres e parecem ter
encontrado esse negócio que chamam de felicidade
sei como é, já tive os meus momentos
Tenho alguns amigos que pensaram em suicídio
Eu me condenei a santidade

Em extinção

Nós
com nossos filminhos de zumbi
com nossos disquinhos de vinil
com nossas gravatas que não combinam com o pescoço
com as cerejas que não ficam bem no bolo
com os nossos filhos
que nunca ficam a vontade em lugar nenhum
com os nossos crimes sem absolvição
com as pílulas e lembranças que não nos deixam dormir
com nossos tabuleiros de ouija para invocar os maus espíritos
com nossa inadequação lendária
com nossas declarações tolas e inúteis de amor
em forma de poemas
com nossas armas descarregadas
com nossos lábios partidos em horrendas brigas de bar
com nossa estranha mania de rezar antes de dormir
com nossas neandertais fitas cassete no bolso da calça
sem lugar pra tocar
com nossa esperança e vontade de continuar
com nossas promessas e palavras de honra
Nós em desuso
nós estamos todos derrotados
e não há nada a fazer

Todo o fim de tarde
nos olhos de Maria Gladys

eu te vi num filme dos anos sessenta
e você era todas as mulheres na Guanabara
todo sol, toda folhagem
meio minerva, meio Iara
a petulância de quem foi e não contou onde ia
a festa que termina, o deus que se evade
em Domingos de Oliveira ou Dina Sfat
todo o fim de tarde
nos olhos de Maria Gladys

O homem bom

O homem bom não esconde seus medos
ele sabe que na hora certa vai ter que recorrer a eles
O homem bom não é o que busca a glória
na frente de batalha
é o que prefere o anonimato das enfermarias
O homem bom não é aquele que fica (apesar de tudo)
é aquele que nunca pensou em voltar
O homem bom não é aquele que bebe o veneno
é o que deixa o seu sangue se misturar com o do animal
O homem bom não é o que desistiu de odiar
é o que desistiu de ataques brutais
O homem bom não é aquele que acredita
que vai levantar dos mortos
talvez seja apenas aquele
que não acrescentou números em Belsen
O homem bom não foi condecorado por ser tolerante
O homem bom passa incólume pelas diferenças
O homem bom não declara sua inocência
ele simplesmente não encontra justificativas para o cadafalso
O homem bom guia seu cachorro cego na estação de trem
O homem bom não é o que tem explosões de fúria
é aquele que mantém o seu coração em paz
no meio da tempestade

O homem bom descansa sua cabeça inerte
no túmulo dos seus heróis.

Domingo de Páscoa

Eu precisava enterrar os ossos
e não era exatamente com o propósito de voltar para buscá-los
Eu precisava resgatar o primeiro olhar
do recém-nascido que vê o mundo pela primeira vez
Eu precisava ouvir de novo aquela música
na velha juke box da churrascaria
A espada de Dâmocles não está mais sobre a minha cabeça
Não gozo mais da sorte dos que têm algo a perder
Uso roupas que não cabem mais em meu corpo
anéis que escorregam pelos dedos
sapatos que me fazem tropeçar
ouço a litania fúnebre do vento que treme as persianas
a procissão de carpideiras renitentes emerge desconfiada
um anjo pisca pra mim de dentro de um vitral
Eu precisava morrer de novo
pra você lembrar que eu sobrevivi

Essa coisa de você ir embora de manhã

Essa coisa de você ir embora de manhã
e eu passar o dia lembrando da borboleta em sua omoplata
dos seus movimentos agressivos de dança
em sintonia com os ponteiros da catedral
Essa coisa de eu passar o dia andando a esmo
de evitar me olhar no espelho
de aceitar o que me transformei
Essa coisa de você ir embora de manhã
me deixa tão fragilizado
capaz de confessar pecados
e crimes que não cometi
Essa coisa de você ir embora de manhã
me deixa bebê fora do berço
o afeto que não mereço
fósforo queimado gambá exumado
Se ninguém fica ao seu lado nas piores noites
o que dizer dessas manhãs sem você
que vai embora
no melhor da foda
Agora a neve caindo
onde você está dormindo
e eu fico lembrando da borboleta em sua omoplata
você indo embora de manhã

emboscando minha vida com os cães raivosos do seu espírito
que não sobreviveu aos planos que fizemos
para o humilde país que sonhamos

O nosso olhar puro

Tocava o hino nacional
quando eu atravessei a estrada
algumas cruzes enterradas no chão
meu corpo exsudando todo o álcool
o miasma que exala das minhas feridas
peremptoriamente abertas
Ela se despedindo dos peixes
como quem dá boas vindas a um estranho
arpoando pretendentes
como uma Queequeg enlouquecida
faminta por dobrões de ouro
insaciável dupla zombie
na névoa da última noite
que contemplamos com nosso olhar puro
com nosso olhar puro, nosso olhar puro
Puro era nosso olhar
antes que lograssem nossos desejos
na véspera do nosso esquecimento

Já teve dias que eu quis falar com você

Já teve dias que eu quis falar com você
mas falar o que se eu não saberia o que dizer
por que chegou o tempo em que passou a ser difícil
me comunicar com você
ficou quase impossível
quanto mais eu queria ficar perto
mais eu me afastava de você
mais eu me sentia expurgado do seu convívio
mais eu me sentia atraído pela sua tirânica presença
pela sua compaixão emética
e eu em outras eras, tão beligerante
agora livre de minha fúria e obscenidades
me flagrava prostrado
como um garoto
esperando pela admoestação
estaciono resignado na noite branca
de sua indiferença narcotizante

Crianças

Crianças afogam suas inocentes expectativas
num lodaçal de sangue
num Vietnã pré-adolescente
Ah, se elas pudessem prever
todo o desespero
não nos brindariam com seus sorrisos inocentes
Brincariam aterrorizadas no carrossel chamado desgraça
Crianças abdicaram da vida eterna
e emergiram a partir de posições fetais
como bonecos vitaminados de speed
em direção a uma vida errática de cidadãos exemplares
A simples presença de vocês
expõe os nossos pecados mais secretos
pendurados em árvores enquanto esperam
a penitência que não virá
Crianças esfregam livros profanos em suas genitálias
e entregam seus sorrisos gentis
a noite assustadora que os recebe
Crianças, não abram os olhos
Vocês não merecem todo o horror

Ontem a noite ouvi Bobby Womack

Ontem a noite ouvi Bobby Womack
cantando no programa do Jools Holland
e ele falava de alguém que não quis o seu amor
e que ela tinha que devolve-lo
Ontem a noite uma amiga embriagada me abraçou chorando
ela dizia que um namorado havia quebrado o seu coração
nunca gostei dessa expressão em português
já "breaking my heart" me parece uma expressão sublime
e ela ficou chorando abraçada em mim
durante uns bons cinco minutos
eu achei que fossem longas horas
não que eu estivesse achando ruim
é que ontem à noite ouvi Bobby Womack
e a música ficou tocando na minha cabeça
no final a coloquei dentro de um táxi
tomando o cuidado de anotar o número da placa do carro
nada de mal podia acontecer com ela
eu deixei naquele táxi muito mais que um coração partido
Eu deixei naquele táxi minha vida se esvaindo
como um peixe se debatendo no asfalto quente

Maior que a noite

Maior que a dor dos seus ancestrais
Mais triste que os mistérios que tem evitado durante sua vida
Mais perigoso que nossas lembranças
Mais obstinado que um caçador de recompensas
Mais impossível que a misericórdia de um deus
Mais cruel que uma lâmina obsidiana
Mais luxuriante que calcinhas dançando na máquina de lavar
Mais misterioso que gêmeos que não nasceram
Mais melancólico que as luzes de um parque de diversões
se apagando
Maior que a noite
O perdão que fica trancado
debaixo do assoalho
do coração devastado
por cupins de sua condenação

Oração

Ah, meu Deus
Deus dos católicos, Deus dos hebreus
Ah, Deus dos hebreus.
Deus dos muçulmanos, Deus dos ateus
Dos evangélicos não. Esse não existe.
Me conceda umas coisinhas
Algumas doses de whisky
& uma mulher de vez em quando
Uma que minta pra mim
que diga que me ama
Uma chegadinha num bar blues de Chicago
apertar sua mão, tomar um trago
num inferninho de New Orleans
Me perdoa se estou sendo folgado
mas é que tá na hora de desencanar
de tanta barra pesada
somos velhos camaradas
parceiros na tempestade
rachando um parmegiana
dividindo a conta ficando sem grana
pra pegar o táxi de Caronte
e dar uma bica no rabo de Plutão
deixando que Orfeu nos leve pela mão

Somos honestos
fiéis como cães
em um mundo que ficou pequeno pra nós
pros nossos cheeseburgers, pro nosso rock and roll
para nossas grandes distancias.

O mundo que você achou que era grande demais
de Oklahoma a Minas Gerais
Deus, você sabe
Na banda eu sempre preferi as backing vocais

O seu amorzinho

O seu amorzinho por mim foi tão pequenininho
que não segurou a onda de um chuvisquinho
de uma chuvinha de verão
derrubando nossa palhoça fincada na areia
Você escreveu em Caps Lock 17.000 vezes
mas eu sei que sempre fui o mais babaca dos três porquinhos
Por que você me deixou sozinho?
Indo ao cinema sozinho
Jogando pebolim sem parceira
Bebendo conhaque em balcão de puteiro
Mergulhado em desonroso desespero
Eu sei que devia ter tomado mais cuidado
Mas ignora o meu vacilo
atende o último pedido do condenado
Só me responde uma coisa
Por que o seu amor por mim foi tão pequenininho?

Há pessoas que eu amo

Há pessoas que eu amo
a elas reservo meus melhores pensamentos
minhas vitórias silenciosas numa mesa de bilhar
as músicas dilacerantes que ouço sozinho
deitado no chão da minha sala
o café da manhã que faço e bebo sozinho imaginando
diálogos de uma peça que ainda vou escrever
minhas caminhadas sem rumo pelo centro da cidade
meu despertar tentando divisar algo no escuro do quarto
apenas a luz vermelha da TV que esqueci ligada
minhas fugas diárias
meu exílio voluntário
minhas distrações oportunas
o sorriso que aparece atrevido no meio do rosto
quando nem acreditava mais que ainda podia contar com ele
a vontade de sair dançando pela sala
sempre que ouço when the music stops
o intervalo que sucede o próximo fracasso
então eu simplesmente entro no ringue de cabeça baixa
com a certeza que o protetor está no lugar
vou cuspir algo mais que dentes nessa noite sem encrenca
há pessoas que eu amo por aí
mas elas nem precisam saber disso

Carro enterrado na areia

Ela me trouxe a notícia que meu pai havia morrido
Eu entrei em casa e tomei um antiácido
e fiquei olhando para o velho retrato do Chevy 1976
Eu sempre afirmei que o pai gostava mais desse carro
do que de mim e hoje eu não tinha porque dizer o contrário
Então entrei em casa
e fiquei ouvindo um velho disco do Lupicínio
Aquele que ele fingia que gostava
Ela entrou em casa e ficou cantando baixinho
"Passei tantas horas triste. Que nem quero lembrar esse dia"
Ela perguntou se podia assistir TV,
beber uma cerveja e fumar um baseado
Exatamente nessa ordem
Apenas balancei a cabeça afirmativamente
fiquei olhando para a capa do disco
Ela ligou a TV
tava passando uma reprise de um "Globo de Ouro"
Eu resmunguei
tira esse Fagner daí. Eu tô ouvindo Lupicínio
Ela tirou o som da TV
ficou bebendo cerveja, fumando o baseado e olhando o Fagner
Agora já não era mais o Fagner, era o Cesar Filho
apresentando outro cantor que eu não quis saber qual era

Ninguém é obrigado a ter que aguentar o Fagner cantando
e o Cesar Filho falando no dia em que o pai morre
e você tá ouvindo Lupicínio
Adormeci de saco cheio pensando no pai e no Chevy 1976

Aos meus amigos e seus filhos

Não é Deus!
Não é a verdade!
Não é o que você traz pra casa!
Não é o que você leva da sua casa!
Não são suas ausências!
Não é sua presença constante!
Não é você buscando o garoto na escola!
Não é o amor que você sente pela mãe dele!
Não é você indo embora de casa!
Não é você voltando pra casa!
Não é você acordando no meio da noite
para levá-lo numa farmácia!
Não são seus rompantes de agressividade!
Não são suas manifestações irrestritas de carinho!
Não são as lágrimas
que você sempre faz questão de disfarçar!
E definitivamente não é o que você deixou de viver
por causa dele!
Seu filho só vai entender de onde veio
quando você orgulhoso erguê-lo nos ombros
em um show de rock
Para que ele veja lá no palco
o sujeito que realmente mudou a sua vida

Minha cama e você

Eu tenho minha cama
e tenho você
Às vezes tenho você na minha cama
Às vezes fico sozinho na minha cama
pensando em você
explicita na minha cama.
Às vezes tenho você
de pé perto da minha cama
encostada na parede
nua
a nuca nua
que eu mordo antes de te levar pra cama
pra minha cama
que fica bem melhor com você
deitada na minha cama
de bruços mexendo no celular
mandando mensagens
para alguém que ainda espera por você
em outra cama para a qual você diz que não pretende voltar
e eu quero sinceramente acreditar
porque depois de você na minha cama
fica ruim ter outra no mesmo lugar

Estamos arrasados e sozinhos
nós e nossas camas vazias
de você

Dia das crianças
Ou
O estranho caso de J. M. Barrie

Eu estou velho
eu me sinto velho
como há muito tempo não me sentia
tão velho
como quando me senti jovem
já estando velho
e mesmo jovem
eu já era velho
como me sinto agora
que estou irreversivelmente velho
a tristeza é só a dificuldade de existir

Às vezes eu penso em você

Às vezes eu penso em você
Eu juro
que às vezes eu penso em você
Mas às vezes eu também penso em terremotos
Às vezes eu penso em suicídio
nas chagas de Cristo
Então não devia significar nada eu pensar às vezes em você
Mas é que eu acho que há sempre um motivo a mais
Esse negócio de às vezes eu pensar em você
e sair feliz por aí como uma boa notícia

Bodyguard

Minha pele desgruda dos meus ossos
no momento que eu a deixo parada no balcão
bebendo um drink que ela não pode pagar
Crianças zumbis correndo pela estrada
Você evitando acidentes como evita filhos indesejados
Porque é provável que você possa
espalhar pregos pelo corpo de um recém-nascido
Semear quantidades absurdas de suco gástrico
Pessoas vão morrer hoje à noite
Outros vão sair pra comemorar o grande funeral
Como a inutilidade de colocar fogo no inferno
Eu a contemplo enfeitiçado
Seus cabelos desgrenhados ficam lindos
caindo sobre o seu rosto
Como uma tempestade de pássaros
Como um tornado que chega sem avisar
Como uma atriz da década de 30
Flagrada nua e acordando de um surto psicótico
Deixo sobre a mesa minha prepotência
e minha carta de demissão

Essa noite

Eu espero que ela venha pra casa essa noite
como se jamais tivesse ido embora
Quando eu sair de dentro dela essa noite
vou murmurar baixinho pra ela não ouvir
"quando você veio, trouxe o sol".

Senso de humor

Acho engraçado
Pessoas que se movimentam como ondas
Tardes que parecem uma roda gigante
num parque de diversões abandonado
Mulheres que sorriem malvadamente com o canto da boca
Garotinhos que sentam nos degraus
e batem os pés como se ouvissem um bop
Pilhas de pratos quebrados depois da última batalha
Frascos de perfumes com rótulos de oleandro
O jeito condescendente que os garçons têm
quando trazem a conta
Indivíduos ostentando um ar de neutralidade
segurando cartazes com os nomes de estranhos
em filas de desembarque
Homens contando bravatas sobre ponto g
enquanto coçam suas barbas hipsters
Padres com acesso de tosse na hora do sermão

Eu acho particularmente engraçado e terrível
eu ainda mancar lamentavelmente depois de tantos anos
como uma maldição

Definitivamente tenho um senso de humor muito esquisito

O dia em que morri

Tinha um sol assim
e fazia um frio que não era normal naqueles dias
Fiquei um tempão conversando com um cara
parecia um anjo, desses caídos
só que ele usava coturnos e nunca sorria
Me olhava com fatalismo
e eu não fiquei exatamente surpreso
quando ele me contou as boas novas
Eu usava minhas calças largas de muitos bolsos
e tinha o meu peito costurado
o coração ainda rasgado,
resultado da última vez que acreditei
Dois corvos estavam parados no meio da estrada
fiquei imaginando se corvos comiam alpiste
Voltei pra casa e olhei fotos antigas
tinha uma que você tava sorrindo
abraçada à minha cintura
Tinha outra do pai dela
O velho era muito feio
parecia o Jerry Gibbons
Pode parecer estranho
mas no dia em que eu morri
tava particularmente feliz

Chuva de peixes

"Eu só não me acostumo com sua ausência"
Eu disse pra ela com meio pedaço de pizza na boca
Ela se lambuzava de bolo de chocolate
pareceu não entender
"Eu me acostumo com os dias claros,
com restaurantes japoneses e com a ideia
de que o bar que eu frequento não tem Heineken"
Ela pareceu entender menos ainda
Então fiz pra ela um desenho de um rio muito límpido
com um gato se debatendo pra não morrer afogado
"É assim que você se sente?" ela perguntou
"Não desenho bem como você"
foi o que eu disse a ela, quando me beijou de um jeito doce
enquanto abria as pernas devagar
Bill "Bojangles" Robinson era o seu salto alto
batendo na mesa, fazendo uma percussão maluca
enquanto Lynyrd tocava
Então eu pensei "é tarde demais pra eu voltar atrás"
"Você reparou que eu cortei o meu cabelo chanell?
Li em algum texto seu que você gostava"
"ficou bonito", falei pra ela
e me senti culpado
por sentir vontade de rir naquele momento

não tinha nada a ver com o que ela falou
é que eu lembrei de uma besteira
que uma cartomante disse
algo relacionado à garotas de cabelos chanell
Quando eu tava na pia do banheiro
eu a vi pelo espelho, parada na porta, nua
e então ela falou:
"Agora eu sei por que você só vai à praia em dias de chuva"
Eu fui embora
e quando parei pra admirar o luminoso da luck strike
fiquei pensando
as pessoas não conhecem as outras de fato.

O melhor lugar

Se você deseja matá-la
então vá lá e faça
não fique ameaçando
não telefone
não escreva mensagens
simplesmente vá lá e faça
preserve sua sanidade e seu propalado orgulho
você não vai querer enfrentar o tribunal dos seus amigos
você sabe que eles são os primeiros que vão se beneficiar
com você fora do jogo
você não vai querer a polícia na sua porta
e o os cachorros e as feministas imitando Gloria Steinem
enquanto você é jogado no banco de trás do camburão
não beba até não sobrar outra alternativa
não conte para o barman seus planos mais secretos
não conte bravatas de corno imaginário
simplesmente vá lá e faça
Você quer matá-la, seu bundão.
então faça.
não fique aqui vociferando sobre falta de amor
se você sente falta, é porque sabe que ele existe
você já experimentou
já esteve lá naquele momento especial

onde você era maior que os deuses
mas você colocou seu amor em sacos de plástico pretos
e ficou do outro lado da porta
ouvindo quando o levaram embora
e agora você quer matá-la
você só pensa nisso, só fala sobre isso
então vá lá e faça
pare de falar
ninguém te suporta mais
esse ramerrão de bebê chorão
ninguém mexeu na sua lancheira
ninguém te tirou do time no final do primeiro tempo
Então você agora quer matá-la
vá lá e faça, seu cuzão de merda
Mas foda de verdade
seria se você agisse como o homem que acredita ser
vá lá, a abrace ternamente e entre dentro dela com suavidade
e quando estiver lá dentro
ouça sua própria voz embargada soluçar
como você não se deu conta de que queria matar
o melhor lugar onde já conseguiu estar

Flores em dias tristes

Eu vi o homem triste entregando o ramalhete de flores
para a mulher que tava sentada na soleira da porta do bar
bebendo de uma garrafa de vinho
Tava chovendo e no lugar não cabiam duas pessoas
por isso ele ficou lá quieto no meio da chuva
mas não deixou que as flores se molhassem
Ela ainda ficou um tempo olhando pra ele
depois deu um longo gole na garrafa de vinho
e só então pegou as flores resignada
Como uma freira
que esconde sob o hábito seus pecados mais secretos

Sangue seco

Eu vejo as moscas sobrevoando o cadáver ainda fresco
A trilha sonora de zumbido e fúria
O constrangimento da multidão
e os comentários furtivos
Alguém acena do outro lado da rua
Outro se atira chorando no chão
entoando uma espécie bizarra de oração
Sinto a língua na minha orelha
o sopro de um vento cálido e promissor
a correnteza do esgoto passando por baixo das minhas costas
me deixando à deriva com demônios que sorriem
como se dissessem que é chegada a hora
Não estou desesperado e nem apreensivo
Alguém mexe nos meus bolsos e liga pro 190
balbucio que sou voluntário
minhas repentinas boas maneiras
faz com que eles hesitem por um minuto
imaginando que pegaram o cara errado
Ouço a canção country
que escolhi pro meu funeral
Um anjo com cara de Lyle Lovett comanda a banda
Eles fazem um barulho infernal
Há uma mancha de café no alvo jaleco do doutor

Abro os olhos e vejo você sorrindo
Uma paz inaudita toma conta de mim
então eu durmo
surpreendentemente
ainda vivo

Não é só mais uma noite no inferno

Você prometeu que estaria aqui quando eu voltasse
me esperando com uma garrafa de Jack e sorvete de caramelo
Você estaria ouvindo Headcat
e ia ser uma noite longa num motel de beira de estrada
A gente ia rir como nos bons tempos
com minhas piadas sem graça e meu senso de humor
sem nenhum senso de oportunidade
e ficar morgando na banheira de hidro
ouvindo uma trilha sonora do inferno
Você me prometeu uma vida
sem abutres voando sobre minha cama na beira do abismo
Você prometeu que haveria um Deus que cuidaria de mim
e eu fui estúpido e inocente o suficiente
pra acreditar em você
Agora, quando eu olho pra essa parede vazia
apenas com o retrato da Sasha Grey
é que eu entendo,
o tempo todo você tava mentindo pra mim
Eu só precisava perder o medo de te perder
pra não ter mais medo de nada

Terminal

Pode me deixar sem rumo
o negativo no chão do boteco
o cachorro latindo na quadra de baixo
o velho papo sério de frases feitas
Pode esquecer as lágrimas na pia
as noites em hotéis de quinta
as injustiças que cometi
as mais belas costas que já vi
o táxi, o cobertor, a maçã
Só não me deixa perder seus olhos
& o ônibus às seis da manhã.

Rua Rego Freitas, 501

Você já compartilhou daquele vento frio
no fim de tarde, sentado sobre um morro
abraçado com a mulher que você ama?
Você já andou sobre nuvens depois de oito tequilas
e contou segredos que jamais revelaria mesmo sob tortura?
Você já ignorou medo, angústia e preliminares sóbrias
só pra atravessar o rio infestado de crocodilos
onde ela acenava da outra margem?
Você já rezou pra um deus que nem sabia que existia
só pra agradecer por estar vivo naquele instante crucial?
Então não se perturbe
quando o inferno estiver sussurrando na sua orelha de fodido
com esse insidioso sopro de esperança.
Aproveite o momento.
Não há nenhuma desonra em se deixar embrulhar
num cobertor de ingenuidade.
Todos nós já passamos por isso.
E faríamos tudo de novo!

Terra quente

Ele atravessou o lugar
com a mesma urgência que atravessava a cidade
sempre desconfiei que os seus pés tinham pequenas asas
sempre desconfiei do seu poder de atravessar paredes
sempre acreditei no homem desconfiado
que despertava afeto incondicional
não havia nenhum lugar ruim dentro dele
e não há como desconfiar de algumas verdades
por isso hoje eu percebi que as arvores entoavam
alguma espécie de canção indígena
quando jogaram a terra quente sobre ele
e não há como acreditar simplesmente em coincidências
A chuva caiu quando ele desceu.

Homem parado no meio da estrada

Naquelas faixas centrais. Um incêndio que ficou pra trás. Como aquelas mesas giratórias de restaurantes que nunca saem do lugar. A verdade é que você pode em um dia ser uma espécie de "rei do mundo" ou qualquer bobagem do tipo, pode beber do melhor whisky e comer uma atriz pornô. Tanto faz. No dia seguinte você pode estar frágil e dependendo de alguém que te tire do incêndio, que coce suas costas e te consiga um cobertor numa noite fria. A fragilidade te encontra quando você menos espera. E você se sente desprotegido e sozinho. Ninguém é o mesmo depois de levar três tiros no peito. Não há como bancar o fodão em tempo integral. Nós apenas respiramos antes da próxima porrada que vai nos jogar no meio do asfalto. São os momentos de dor que forjam um homem. A porra dos momentos felizes são apenas paliativos para o pior que há de vir. Para toda brutalidade que há de vir. E aí você sabe que na verdade nada mesmo tem muita importância: acordos de amizade, batismos de sangue, pedidos de casamento. Ou você não sabe que no final é você solitário olhando pra um teto de um hospital ou de uma cova rasa? Tem um tempo na vida de um homem que ele deixa de acreditar. É simplesmente assim. Você acorda de manhã ainda com aquele hálito de whisky capaz de embaçar o espelho do banheiro, olha pra sua imagem maltratada e murmura conformado: "Idiota. Pobre idiota". Porque é o medo que controla nossas atitudes. Vivemos com medo o tempo todo. Você pode achar que é mesmo o "rei do mundo", beber apenas cerveja importada e se gabar que comeu a última capa da Playboy. No final, você vai ser apenas um sujeito se cagando de medo, no fundo de um beco escuro ou numa cobertura com oito brutamontes muito bem pagos na sua porta. Você escapa de Alcatraz, mas não escapa do medo no seu coração. Ou você não sabe que é o medo que faz você agir de maneira despropositada?

No final de tudo você ainda vai ouvir aquele gospel tocando na sua cabeça e você vai ser babaca e pretensioso o suficiente pra imaginar que apesar de tudo você é o "rei do mundo", porque você abastece o seu nariz com a droga mais pura e é casado com a garota mais doce. Porque vou te dizer: não é a saudade que faz você ficar olhando fotos antigas. É o medo que te coloca na beira do abismo. É o medo que faz os seus olhos se encherem de indesejadas lágrimas. É esse piano triste que tá tocando na sua cabeça nesse momento.

Um homem parado no meio da estrada sem saber pra onde ir está sempre um passo à frente. Porque ele sabe que no momento em que decidir, ninguém mais poderá pará-lo.

Na primeira vez foram três meses com a âncora enterrada na areia. Eu subia de vez em quando pro convés com uma garrafa de rum e por mais que imaginasse estar dando a volta ao mundo, eu sabia que não ia mesmo sair do lugar. A âncora continuava lá, enterrada na areia. Então eu vomitava e voltava pro meu camarote enquanto me perdia entre mapas de viagens e notícias remotas sobre tesouros afundados.
Dessa vez vou ficar atento a todas as garrafas de náufragos que porventura vierem dar na porta da minha kitchenete.

Esta obra foi composta em Arno Pro
e impressa em papel pólen bold 90 g/m²
para a Editora Reformatório em abril de 2018.